CARTA APOSTÓLICA

MISERICORDIA ET MISERA

DO SANTO PADRE
FRANCISCO

Coleção **Magistério**

- *Carta apostólica* Misericordia et misera, papa Francisco
- *Exortação apostólica* Amoris Lætitia, idem

CARTA APOSTÓLICA
MISERICORDIA ET MISERA

DO SANTO PADRE FRANCISCO

NO TÉRMINO DO JUBILEU EXTRAORDINÁRIO DA MISERICÓRDIA

PAULUS

Direção editorial: *Claudiano Avelino dos Santos*
Coordenador de revisão: *Tiago José Risi Leme*
Capa: *Marcelo Campanhã*
Editoração, impressão e acabamento: PAULUS

As citações bíblicas são retiradas da *Bíblia Sagrada*, Edições CNBB, 13ª edição, como também dos Lecionários.

Seja um leitor preferencial **PAULUS**.
Cadastre-se e receba informações sobre nossos lançamentos e nossas promoções:
paulus.com.br/cadastro
Televendas: **(11) 3789-4000 / 0800 16 40 11**

1ª edição, 2016

© PAULUS – 2016

Rua Francisco Cruz, 229 • 04117-091 – São Paulo (Brasil)
Tel.: (11) 5087-3700 • Fax: (11) 5579-3627
paulus.com.br • editorial@paulus.com.br

ISBN 978-85-349-4501-1

Aos que lerem esta Carta Apostólica, misericórdia e paz!

MISERICÓRDIA E MÍSERA (*misericordia et misera*) são as duas palavras que Santo Agostinho utiliza para descrever o encontro de Jesus com a adúltera (Jo 8,1-11). Não podia encontrar expressão mais bela e coerente que esta para fazer compreender o mistério do amor de Deus quando vem ao encontro do pecador: "Ficaram apenas eles dois: a mísera e a misericórdia".[1] Quanta piedade e justiça divina nessa narração! O seu ensinamento, ao mesmo tempo que ilumina a conclusão do Jubileu Extraordinário da Misericórdia, indica o caminho que somos chamados a percorrer no futuro.

1. Essa página do Evangelho pode, com justa razão, ser considerada como ícone de tudo o que

---

[1] *In Johannis* 33,5.

celebramos no Ano Santo, um tempo rico em misericórdia, a qual pede para continuar a ser *celebrada e vivida* nas nossas comunidades. Com efeito, a misericórdia não se pode reduzir a um parêntese na vida da Igreja, mas constitui a sua própria existência, que torna visível e palpável a verdade profunda do Evangelho. Tudo se revela na misericórdia; tudo se resume no amor misericordioso do Pai.

Encontraram-se uma mulher e Jesus: ela, adúltera e – segundo a Lei – julgada passível de lapidação; ele que, com a sua pregação e o dom total de si mesmo que o levará até a cruz, reconduziu a lei mosaica ao seu objetivo originário genuíno. No centro, não temos a lei e a justiça legal, mas o amor de Deus, que sabe ler no coração de cada pessoa, incluindo o seu desejo mais oculto, e que deve ter a primazia sobre tudo. Entretanto, nessa narração evangélica, não se encontram o pecado e o juízo de forma abstrata, mas uma pecadora e o Salvador. Jesus fixou nos olhos aquela mulher e leu no seu coração: lá encontrou o desejo de ser compreendida, perdoada e libertada. A miséria do pecado foi revestida pela misericórdia do amor. Da parte de Jesus, nenhum juízo que não estivesse repassado de piedade e compaixão pela condição da pecadora. A quem pretendia julgá-la e condená-la à morte, Jesus responde com um longo silêncio, cujo intuito é deixar emergir a voz de Deus tanto na consciência da mulher como nas dos seus acusadores. Estes deixam cair as pedras das mãos e vão embora um a um (Jo 8,9). E, depois daquele silêncio, Jesus diz: "Mulher, onde estão eles? Ninguém te condenou? (...) Eu também não te condeno. Vai, e de agora em diante não peques mais" (8,10.11). Dessa forma, ajuda-a a olhar para o futuro com esperança, pronta a recomeçar a sua vida; a partir de agora, se quiser, poderá viver no amor (Ef 5,2). Depois que se revestiu da misericórdia, embora permaneça a condição de fraqueza por causa do pecado, tal condição é dominada pelo amor que consente em olhar mais além e viver de maneira diferente.

2. Aliás, Jesus ensinara-o claramente quando, em casa de um fariseu que o convidara para al-

moçar, se aproximou dele uma mulher conhecida por todos como pecadora (Lc 7,36-50). Esta ungira com perfume os pés de Jesus, banhara-os com as suas lágrimas e enxugara-os com os seus cabelos (7,37-38). À reação escandalizada do fariseu, Jesus retorquiu: "Os muitos pecados que ela cometeu estão perdoados, pois ela mostrou muito amor. Aquele, porém, a quem menos se perdoa, ama menos" (7,47).

O *perdão* é o sinal mais visível do amor do Pai, que Jesus quis revelar em toda a sua vida. Não há página do Evangelho que possa ser subtraída a esse imperativo do amor que chega até o perdão. Até nos últimos momentos de sua existência terrena, ao ser pregado na cruz, Jesus tem palavras de perdão: "Pai, perdoa-lhes! Eles não sabem o que fazem!" (Lc 23,34).

Nada que um pecador arrependido coloque diante da misericórdia de Deus pode ficar sem o abraço do seu perdão. É por esse motivo que nenhum de nós pode pôr condições à misericórdia; esta permanece sempre um ato de gratuidade do Pai celeste, um amor incondicional e não merecido. Por isso, não podemos correr o risco de nos opor à plena liberdade do amor com que Deus entra na vida de cada pessoa.

A misericórdia é esta ação concreta do amor que, perdoando, transforma e muda a vida. É assim que se manifesta o seu mistério divino. Deus é misericordioso (Ex 34,6), a sua misericórdia é eterna (Sl 136/135), de geração em geração abraça cada pessoa que confia nele e transforma-a, dando-lhe a sua própria vida.

3. Quanta alegria brotou no coração destas duas mulheres: a adúltera e a pecadora! O perdão as fez sentirem-se, finalmente, livres e felizes como nunca antes. As lágrimas da vergonha e do sofrimento transformaram-se no sorriso de quem sabe que é amado. A misericórdia suscita *alegria*, porque o coração se abre à esperança de uma vida nova. A alegria do perdão é indescritível, mas transparece em nós sempre que a experimentamos. Em sua origem, está o amor com que Deus vem ao nosso encontro, rompendo o círculo de egoísmo que nos envolve, para fazer também de nós instrumentos de misericórdia.

Como são significativas, também para nós, estas palavras antigas que guiavam os primeiros cristãos: "Reveste-te de alegria, que é sempre agradável a Deus e por ele bem acolhida. Todo homem alegre trabalha bem, pensa bem e despreza a tristeza. (...) Viverão em Deus todas as pessoas que afastam a tristeza e se revestem de toda a alegria".[2] Experimentar a misericórdia dá alegria; não deixemos que as aflições e preocupações roubem nossa alegria. Que ela permaneça bem enraizada em nosso coração e sempre nos faça olhar com serenidade a vida do dia a dia.

Em uma cultura frequentemente dominada pela tecnologia, parecem multiplicar-se as formas de tristeza e solidão em que caem as pessoas, inclusive muitos jovens. Com efeito, o futuro parece estar refém da incerteza, que não permite ter estabilidade. É assim que muitas vezes surgem sentimentos de melancolia, tristeza e tédio, que podem, pouco a pouco, levar ao desespero. Há necessidade de testemunhas de esperança e

[2] HERMAS, *O Pastor*, 42, 1-4.

de alegria verdadeira, para expulsar as quimeras que prometem uma felicidade fácil, com paraísos artificiais. O vazio profundo de tanta gente pode ser preenchido pela esperança que trazemos no coração e pela alegria que brota dela. Há tanta necessidade de reconhecer a alegria que se revela no coração tocado pela misericórdia! Por isso, guardemos como um tesouro estas palavras do apóstolo: "Alegrai-vos sempre no Senhor!" (Fl 4,4; cf. 1Ts 5,16).

4. Celebramos um Ano intenso, durante o qual nos foi concedida, em abundância, a graça da misericórdia. Como um vento impetuoso e salutar, a bondade e a misericórdia do Senhor derramaram-se sobre o mundo inteiro. E perante esse olhar amoroso de Deus, que se fixou de maneira tão prolongada sobre cada um de nós, não podemos ficar indiferentes, porque muda a nossa vida.

Antes de mais nada, sentimos necessidade de agradecer ao Senhor, dizendo-lhe: "Senhor, foste bom com tua terra [...]. Perdoaste a iniquidade do teu povo" (Sl 85/84,2.3). Foi mesmo assim: Deus esmagou as nossas culpas e lançou ao fundo do mar os nossos pecados (Mq 7,19); já não se lembra deles, lançou-os para trás de si (Is 38,17); como o Oriente está afastado do Ocidente, assim os nossos pecados estão longe dele (Sl 103/102,12).

Nesse Ano Santo, a Igreja pôde colocar-se à escuta e experimentou com grande intensidade a presença e proximidade do Pai, que, por obra do Espírito Santo, lhe tornou mais evidente o dom e o mandato de Jesus Cristo em relação ao perdão. Foi realmente uma nova visita do Senhor em nosso meio. Sentimos o seu sopro vital efundir-se sobre a Igreja, enquanto, mais uma vez, as suas palavras indicavam a missão: "Recebei o Espírito Santo. A quem perdoardes os pecados, lhes serão perdoados; a quem os retiverdes, lhes serão retidos" (Jo 20,22-23).

5. Agora, concluído este Jubileu, é tempo de olhar adiante e compreender como se pode continuar, com fidelidade, alegria e entusiasmo, a experimentar a riqueza da misericórdia divina. As nossas comunidades serão capazes de perma-

necer vivas e dinâmicas na obra da nova evangelização à medida que a "conversão pastoral", que somos chamados a viver,[3] for plasmada dia após dia pela força renovadora da misericórdia. Não limitemos a sua ação; não entristeçamos o Espírito que indica sempre novas sendas a percorrer para levar a todos o Evangelho da salvação.

Em primeiro lugar, somos chamados a *celebrar* a misericórdia. Quanta riqueza está presente na oração da Igreja, quando invoca a Deus como Pai misericordioso! Na liturgia, não só se evoca repetidamente a misericórdia, mas ela é realmente recebida e vivida. Desde o início até o fim da *Celebração Eucarística*, a misericórdia reaparece várias vezes no diálogo entre a assembleia orante e o coração do Pai, que rejubila quando pode derramar o seu amor misericordioso. Logo na altura do pedido inicial de perdão, com a invocação "Senhor, tende piedade de nós", somos tranquilizados: "Deus todo-poderoso tenha compaixão de nós, perdoe os nossos

---

[3] FRANCISCO. *Evangelii Gaudium* (EG). Documentos do Magistério. São Paulo: Paulus/Loyola, 2013, n. 27.

pecados e nos conduza à vida eterna". É com essa confiança que a comunidade se reúne na presença do Senhor, especialmente no dia semanal que recorda a ressurreição. Muitas orações ditas "coletas" procuram recordar-nos o grande dom da misericórdia. No tempo da Quaresma, por exemplo, rezamos com estas palavras: "Ó Deus, fonte de toda a misericórdia e de toda a bondade, vós nos indicastes o jejum, a esmola e a oração como remédio contra o pecado. Acolhei esta confissão da nossa fraqueza para que, humilhados pela consciência de nossas faltas, sejamos confortados pela vossa misericórdia".[4] Mais adiante, somos introduzidos na Oração Eucarística pelo Prefácio, que proclama: Na vossa infinita misericórdia, "de tal modo amastes o mundo, que nos enviastes, como Redentor, vosso próprio Filho, em tudo semelhante a nós, exceto no pecado".[5] Aliás, a própria Oração IV é um hino à misericórdia de Deus: Na

---

[4] *Missal Romano*, III Domingo da Quaresma.
[5] *Missal Romano*, Prefácio VII dos Domingos do Tempo Comum.

vossa misericórdia, "a todos socorrestes com bondade, para que, ao procurar-vos, vos pudessem encontrar".[6] "Tende piedade de todos nós, Senhor":[7] é a súplica premente que o sacerdote faz na Oração Eucarística para implorar a participação na vida eterna. Depois do Pai-Nosso, o sacerdote prolonga a oração invocando a paz e a libertação do pecado, "ajudados pela vossa misericórdia", e, antes da saudação da paz que os participantes trocam entre si como expressão de fraternidade e amor mútuo à luz do perdão recebido, o celebrante reza de novo: "Não olheis os nossos pecados, mas a fé que anima vossa Igreja".[8] Por meio dessas palavras, pedimos com humilde confiança o dom da unidade e da paz para a Santa Mãe Igreja. Assim, a celebração da misericórdia divina culmina no Sacrifício Eucarístico, memorial do mistério pascal de Cristo, do qual brota a salvação para todo ser humano, a história e o mundo inteiro. Em suma, cada

---

[6] *Missal Romano*, Oração Eucarística IV.
[7] *Missal Romano*, Oração Eucarística II.
[8] *Missal Romano*, Ritos da Comunhão.

momento da Celebração Eucarística faz referência à misericórdia de Deus.

Mas, em toda a vida sacramental, nos é dada com abundância a misericórdia. Realmente é significativo que a Igreja tenha querido fazer explicitamente apelo à misericórdia na fórmula dos dois sacramentos chamados "de cura": a *Reconciliação* e a *Unção dos Enfermos*. Assim reza a fórmula da absolvição: "Deus, Pai de misericórdia, que, pela morte e ressurreição de seu Filho, reconciliou o mundo consigo e enviou o Espírito para a remissão dos pecados, te conceda, pelo ministério da Igreja, o perdão e a paz";[9] e ao ungir a pessoa doente: "Por esta santa Unção e pela sua infinita misericórdia, o Senhor venha em teu auxílio com a graça do Espírito Santo".[10] Desse modo, a referência à misericórdia na oração da Igreja, longe de ser apenas parenética, é altamente *realizadora*, ou seja, quando a invocamos com fé, nos é concedida; quando a confessamos viva e real, efetivamente nos transforma. Este é um

---

[9] *Ritual da Penitência*, n. 46.
[10] *Ritual da Unção dos Enfermos*, n. 76.

conteúdo fundamental da nossa fé, que devemos conservar em toda a sua originalidade: ainda antes e acima da revelação do pecado, temos a revelação do amor com que Deus criou o mundo e os seres humanos. O amor é o primeiro ato com que Deus se deu a conhecer e vem ao nosso encontro. Por isso, mantenhamos o coração aberto à confiança de ser amados por Deus. O seu amor sempre nos precede, acompanha e permanece conosco, não obstante o nosso pecado.

6. Neste contexto, assume significado particular também a *escuta da Palavra de Deus*. A cada domingo, a Palavra de Deus é proclamada na comunidade cristã, para que o Dia do Senhor seja iluminado pela luz que dimana do mistério pascal.[11] Na Celebração Eucarística, é como se assistíssemos a um verdadeiro diálogo entre Deus e o seu povo. Com efeito, na proclamação das Leituras bíblicas, repassa-se a história da nossa salvação por meio da obra incessante de

[11] CONCÍLIO VATICANO II. *Sacrosanctum Concilium* (SC), n. 106.

misericórdia que é anunciada. Deus nos fala ainda hoje como a amigos, "convive" conosco,[12] nos oferecendo a sua companhia e nos mostrando a senda da vida. A sua Palavra faz-se intérprete dos nossos pedidos e preocupações e, simultaneamente, resposta fecunda para podermos experimentar concretamente a sua proximidade. Quão grande importância adquire a *homilia*, na qual "a verdade anda de mãos dadas com a beleza e o bem",[13] para fazer vibrar o coração dos fiéis perante a grandeza da misericórdia! Recomendo vivamente a preparação da homilia e o cuidado na sua proclamação. Será tanto mais frutuosa quanto mais o sacerdote tiver experimentado em si mesmo a bondade misericordiosa do Senhor. Comunicar a certeza de que Deus nos ama não é um exercício de retórica, mas condição de credibilidade do próprio sacerdócio. Por conseguinte, viver a misericórdia é a via mestra para fazê-la tornar-se um verdadeiro anúncio de consolação e conversão na vida pastoral. A homilia, como

---

[12] CONCÍLIO VATICANO II. *Dei Verbum* (DV), n. 2.
[13] EG, n. 142.

também a catequese precisam ser sempre sustentadas por este coração pulsante da vida cristã.

7. A *Bíblia* é a grande narração que relata as maravilhas da misericórdia de Deus. Nela, cada página está imbuída do amor do Pai, que, desde a criação, quis imprimir no universo os sinais de seu amor. O Espírito Santo, por meio das palavras dos profetas e dos escritos sapienciais, moldou a história de Israel no reconhecimento da ternura e proximidade de Deus, não obstante a infidelidade do povo. A vida de Jesus e a sua pregação marcam, de forma determinante, a história da comunidade cristã, que compreendeu a sua missão com base no mandato que Cristo lhe confiou de ser instrumento permanente da sua misericórdia e do seu perdão (Jo 20,23). Mediante a Sagrada Escritura, mantida viva pela fé da Igreja, o Senhor continua a falar à sua Esposa, indicando-lhe as sendas a percorrer para que o Evangelho da salvação chegue a todos. É meu vivo desejo que a Palavra de Deus seja cada vez mais celebrada, conhecida e difundida, para que se possa, por meio dela, compre-

ender melhor o mistério de amor que dimana daquela fonte de misericórdia. Claramente nos recorda o apóstolo: "Toda Escritura é inspirada por Deus e é útil para ensinar, para argumentar, para corrigir, para educar conforme a justiça" (2Tm 3,16).

Seria conveniente que cada comunidade pudesse, em um domingo do Ano Litúrgico, renovar o compromisso em prol da difusão, do conhecimento e do aprofundamento da Sagrada Escritura: um domingo dedicado inteiramente à Palavra de Deus, para compreender a riqueza inesgotável que provém do diálogo constante de Deus com o seu povo. Não há de faltar a criatividade para enriquecer o momento com iniciativas que estimulem os fiéis a serem instrumentos vivos de transmissão da Palavra. Entre tais iniciativas, está certamente uma difusão mais ampla da *lectio divina*, para que, mediante a leitura orante do texto sagrado, a vida espiritual encontre apoio e crescimento. A *lectio divina* sobre os temas da misericórdia consentirá verificar a grande fecundidade que deriva do texto sagrado, lido à luz de toda a tradição espiritual da Igreja, que leva necessariamente a gestos e obras concretas de caridade.[14]

8. A celebração da misericórdia tem lugar, de forma muito particular, no *sacramento da Reconciliação*. Esse é o momento em que sentimos o abraço do Pai, que vem ao nosso encontro para nos restituir a graça de voltarmos a ser seus filhos. Nós somos pecadores e carregamos conosco o peso da contradição entre o que quereríamos fazer e aquilo que, ao contrário, acabamos concretamente por fazer (Rm 7,14-21); mas a graça sempre nos precede e assume o rosto da misericórdia que se torna eficaz na reconciliação e no perdão. Deus nos faz compreender o seu amor imenso precisamente à vista da nossa realidade de pecadores. A graça é mais forte, e supera qualquer possível resistência, porque o amor tudo vence (1Cor 13,7).

No sacramento do Perdão, Deus mostra o caminho da conversão a ele e convida a experimen-

---

[14] BENTO XVI. *Verbum Domini* (VD). Documentos Pontifícios 6. Brasília: Edições CNBB, 2011, n. 86-87.

tar de novo a sua proximidade. É um perdão que pode ser obtido, começando antes de mais nada a *viver a caridade*. Assim nos recorda o apóstolo Pedro, quando escreve que "o amor cobre uma multidão de pecados" (1Pd 4,8). Só Deus perdoa os pecados, mas também nos pede que estejamos prontos a perdoar aos outros, como ele nos perdoa: "Perdoa as nossas dívidas, assim como nós perdoamos aos que nos devem" (Mt 6,12). Como é triste quando ficamos fechados em nós mesmos, incapazes de perdoar! Prevalecem o ressentimento, a ira, a vingança, tornando a vida infeliz e frustrando o jubiloso compromisso pela misericórdia.

9. Uma experiência de graça que a Igreja viveu, com tanta eficácia, no Ano Jubilar foi, certamente, o serviço dos *Missionários da Misericórdia*. A sua ação pastoral pretendeu tornar evidente que Deus não põe qualquer barreira aos que o procuram de coração arrependido, mas vai ao encontro de todos como um Pai. Recebi muitos testemunhos de alegria pelo renovado encontro com o Senhor no sacramento da Confissão. Não

percamos a oportunidade de viver a fé, inclusive como experiência da reconciliação. "Reconciliai-vos com Deus" (2Cor 5,20): é o convite que ainda hoje dirige o apóstolo a cada fiel para lhe fazer descobrir a força do amor que o torna uma "criatura nova" (2Cor 5,17).

Quero expressar a minha gratidão a todos os Missionários da Misericórdia pelo valioso serviço oferecido para tornar eficaz a graça do perdão. Mas esse ministério extraordinário não termina com o fechamento da Porta Santa. De fato, desejo que permaneça ainda, até novas ordens, como sinal concreto de que a graça do Jubileu continua a ser viva e eficaz nas várias partes do mundo. Será responsabilidade do Pontifício Conselho para a Promoção da Nova Evangelização seguir, neste período, os Missionários da Misericórdia, como expressão direta da minha solicitude e proximidade e encontrar as formas mais coerentes para o exercício deste precioso ministério.

10. Aos sacerdotes, renovo o convite para se prepararem com grande cuidado para o ministério da Confissão, que é uma verdadeira missão

sacerdotal. Agradeço vivamente pelo vosso serviço e peço para serdes *acolhedores* com todos, *testemunhas* da ternura paterna não obstante a gravidade do pecado, *solícitos* em ajudar a refletir sobre o mal cometido, *claros* ao apresentar os princípios morais, *disponíveis* para acompanhar os fiéis no caminho penitencial, respeitando com paciência o seu passo, *clarividentes* no discernimento de cada um dos casos, *generosos* na concessão do perdão de Deus. Como Jesus, perante a adúltera, optou por permanecer em silêncio para salvá-la da condenação à morte, assim também o sacerdote, no confessionário, seja magnânimo de coração, ciente de que cada penitente lhe recorda a sua própria condição pessoal: pecador, mas ministro da misericórdia.

11. Gostaria que todos nós meditássemos as palavras do apóstolo, escritas no final da sua vida, quando confessa a Timóteo ser o primeiro dos pecadores, mas, justamente por isso, "alcancei misericórdia" (1Tm 1,16). As suas palavras têm uma força que irrompe também em nós, levando-nos a refletir sobre a nossa existência

vendo em ação a misericórdia de Deus na mudança, conversão e transformação do nosso coração: "Sou agradecido àquele que me deu forças, Cristo Jesus, nosso Senhor, pela confiança que teve em mim, colocando-me a seu serviço, a mim que, antes, blasfemava, perseguia e agia com violência. Mas alcancei misericórdia" (1Tm 1,12-13).

Por isso lembremos, com paixão pastoral sempre renovada, as palavras do apóstolo: "Tudo vem de Deus, que, por Cristo, nos reconciliou consigo e nos confiou o ministério da reconciliação" (2Cor 5,18). Nós, primeiro, fomos perdoados, tendo em vista este ministério; tornamo-nos testemunhas em primeira mão da universalidade do perdão. Não há lei nem preceito que possa impedir a Deus abraçar novamente o filho que regressa a ele reconhecendo que errou, mas decidido a começar de novo. Deter-se apenas na lei equivale a invalidar a fé e a misericórdia divina. Há um valor preparatório na lei (Gl 3,24), cujo fim é o amor (1Tm 1,5). Mas o cristão é chamado a viver a novidade do Evangelho, "a lei do Espírito, que dá a vida no Cristo Jesus" (Rm

8,2). Mesmo nos casos mais complexos, em que se é tentado a fazer prevalecer uma justiça que deriva apenas das normas, deve-se crer na força que brota da graça divina.

Nós, confessores, temos experiência de muitas conversões que ocorrem diante dos nossos olhos. Sintamos, portanto, a responsabilidade de gestos e palavras que possam chegar ao fundo do coração do penitente, para que descubra a proximidade e a ternura do Pai que perdoa. Não invalidemos esses momentos com comportamentos que possam contradizer a experiência da misericórdia que se procura; mas, antes, ajudemos a iluminar o espaço da consciência pessoal com o amor infinito de Deus (1Jo 3,20).

O sacramento da Reconciliação precisa voltar a ter o seu lugar central na vida cristã; para isso, requerem-se sacerdotes que ponham a sua vida a serviço do "ministério da reconciliação" (2Cor 5,18), de tal modo que a ninguém sinceramente arrependido seja impedido o acesso ao amor do Pai que espera o seu regresso e, ao mesmo tempo, a todos seja oferecida a possibilidade de experimentar a força libertadora do perdão.

Uma ocasião propícia pode ser a celebração da iniciativa *24 horas para o Senhor* nas proximidades do IV domingo da Quaresma, que goza já de amplo consenso nas dioceses e continua a ser um forte apelo pastoral para viver intensamente o sacramento da Confissão.

12. Em virtude dessa exigência, para que nenhum obstáculo exista entre o pedido de reconciliação e o perdão de Deus, concedo, a partir de agora, a todos os sacerdotes, em virtude do seu ministério, a faculdade de absolver a todas as pessoas que incorreram no pecado do aborto. Aquilo que eu concedera de forma limitada ao período jubilar[15] fica agora alargado no tempo, não obstante qualquer disposição em contrário. Quero reiterar com todas as minhas forças que o aborto é um grave pecado, porque põe fim a uma vida inocente; mas, com igual força, posso e devo afirmar que não existe algum pecado que a misericórdia de Deus não possa alcançar e des-

---

[15] FRANCISCO. *Carta pela qual se concede a indulgência por ocasião do Jubileu da Misericórdia*, 1º de setembro de 2015.

truir, quando encontra um coração arrependido, que pede para se reconciliar com o Pai. Portanto, cada sacerdote faça-se guia, apoio e conforto no acompanhamento dos penitentes neste caminho de especial reconciliação.

No Ano do Jubileu, aos fiéis que por variados motivos frequentam as igrejas oficiadas pelos sacerdotes da Fraternidade de São Pio X, tinha-lhes concedido receber válida e licitamente a absolvição sacramental dos seus pecados.[16] Para o bem pastoral desses fiéis e confiando na boa vontade dos seus sacerdotes para que se possa recuperar, com a ajuda de Deus, a plena comunhão na Igreja Católica, estabeleço por minha própria decisão de estender essa faculdade para além do período jubilar, até novas disposições sobre o assunto, a fim de que a ninguém falte jamais o sinal sacramental da reconciliação por meio do perdão da Igreja.

13. A misericórdia possui também o rosto da *consolação*. "Consolai, consolai o meu povo!" (Is

---

[16] Idem.

40,1): são as palavras sinceras que o profeta faz ouvir ainda hoje, para que possa chegar uma palavra de esperança aos que estão no sofrimento e na aflição. Nunca deixemos que nos roubem a esperança que provém da fé no Senhor ressuscitado. É verdade que muitas vezes somos sujeitos a dura prova, mas não deve jamais esmorecer a certeza de que o Senhor nos ama. A sua misericórdia expressa-se também na proximidade, no carinho e no apoio que muitos irmãos e irmãs podem oferecer quando sobrevêm os dias da tristeza e da aflição. Enxugar as lágrimas é uma ação concreta que rompe o círculo de solidão no qual muitas vezes ficamos presos.

Todos precisamos de consolação, porque ninguém está imune ao sofrimento, à tribulação e à incompreensão. Quanta dor pode causar uma palavra maldosa, fruto da inveja, do ciúme e da ira! Quanto sofrimento provoca a experiência da traição, da violência e do abandono! Quanta amargura perante a morte das pessoas queridas! E, todavia, Deus nunca está longe quando se vivem esses dramas. Uma palavra que anima, um abraço que te faz sentir compreendido, uma carícia que deixa perceber o amor, uma oração que permite ser mais forte... São todas expressões da proximidade de Deus mediante a consolação oferecida pelos irmãos.

Às vezes, poderá ser de grande ajuda também o *silêncio*, porque em certas ocasiões não há palavras para responder às perguntas de quem sofre. Mas, à falta da palavra, pode suprir a compaixão de quem está presente, próximo, ama e estende a mão. Não é verdade que o silêncio seja um ato de rendição; pelo contrário, é um momento de força e de amor. O próprio silêncio pertence à nossa linguagem de consolação, porque se transforma em um gesto concreto de partilha e participação no sofrimento do irmão.

14. Em um momento particular como o nosso que, entre muitas crises, registra também a da família, é importante fazer chegar uma palavra de força consoladora às nossas famílias. O dom do matrimônio é uma grande vocação, que se há de viver, com a graça de Cristo, no amor generoso, fiel e paciente. A beleza da família permanece inalterada, apesar de tantas sombras e propostas

alternativas: "A alegria do amor que se vive nas famílias é também o júbilo da Igreja".[17] A senda da vida que leva um homem e uma mulher a encontrarem-se, amarem-se e prometerem reciprocamente, diante de Deus, uma fidelidade para sempre, é muitas vezes interrompida pelo sofrimento, pela traição e pela solidão. A alegria pelo dom dos filhos não está imune às preocupações sentidas pelos pais com o seu crescimento e a sua formação, com um futuro digno de ser vivido intensamente.

A graça do sacramento do Matrimônio não só fortalece a família, para que seja o lugar privilegiado onde se vive a misericórdia, mas também compromete a comunidade cristã e toda a atividade pastoral para pôr em realce o grande valor propositivo da família. Por isso, este Ano Jubilar não pode perder de vista a complexidade da realidade familiar atual. A experiência da misericórdia nos torna capazes de encarar todas as dificuldades humanas com a atitude do amor

---

[17] FRANCISCO. *Amoris Laetitia* (AL). Coleção Magistério. São Paulo: Paulus, 2016, n. 1.

de Deus, que não se cansa de acolher e acompanhar.[18]

Não podemos esquecer que cada um traz consigo a riqueza e o peso da sua própria história, que nos distingue de qualquer outra pessoa. A nossa vida, com as suas alegrias e os seus sofrimentos, é algo único e irrepetível, que se desenrola sob o olhar misericordioso de Deus. Isso requer, sobretudo por parte do sacerdote, um discernimento espiritual atento, profundo e clarividente, para que toda a pessoa, sem exceção, em qualquer situação que viva, possa sentir-se concretamente acolhida por Deus, participar ativamente na vida da comunidade e estar inserida no povo de Deus que incansavelmente caminha para a plenitude do reino de Deus, reino de justiça, de amor, de perdão e de misericórdia.

15. Reveste-se de particular importância *o momento da morte*. A Igreja viveu sempre essa dramática passagem à luz da ressurreição de Jesus

---

[18] *Ibidem*, n. 291-300.

Cristo, que abriu a estrada para a certeza da vida futura. Temos aqui um grande desafio a abraçar, sobretudo na cultura contemporânea que, muitas vezes, tende a banalizar a morte até reduzi-la a simples ficção ou a ocultá-la. Ao contrário, a morte há de ser enfrentada e preparada como uma passagem que, embora dolorosa e inevitável, é cheia de sentido: o ato extremo de amor para com as pessoas que se deixam e para com Deus, a cujo encontro se vai. Em todas as religiões, o momento da morte – como, aliás, o do nascimento – é acompanhado por uma presença religiosa. Nós vivemos a experiência das *exéquias* como uma oração cheia de esperança para a alma da pessoa falecida e para dar consolação àqueles que sofrem a separação da pessoa amada.

Estou convencido de que há necessidade, na pastoral animada por uma fé viva, de tornar palpável como os sinais litúrgicos e as nossas orações são expressão da misericórdia do Senhor. É ele próprio que oferece palavras de esperança, porque nada nem ninguém poderá nos separar jamais do seu amor (Rm 8,35.38-39). A partilha desse momento pelo sacerdote é um acompanhamento importante, porque lhe permite viver a proximidade com a comunidade cristã no momento de fraqueza, solidão, incerteza e pranto.

16. Termina o Jubileu e fecha-se a Porta Santa. Mas a porta da misericórdia do nosso coração permanece sempre aberta de par em par. Aprendemos que Deus se inclina sobre nós (Os 11,4), para que também nós possamos imitá-lo inclinando-nos sobre os irmãos. A saudade que muitos sentem de regressar à casa do Pai, que aguarda a sua chegada, é suscitada também por testemunhas sinceras e generosas da ternura divina. A Porta Santa, que cruzamos neste Ano Jubilar, nos introduziu no *caminho da caridade*, que somos chamados a percorrer todos os dias, com fidelidade e alegria. É a estrada da misericórdia que torna possível encontrar tantos irmãos e tantas irmãs que estendem a mão para que alguém possa agarrá-la, a fim de caminharem juntos.

Querer estar perto de Cristo exige fazer-se próximo dos irmãos, porque nada é mais agradável ao Pai do que um sinal concreto de misericórdia. Por sua própria natureza, a misericórdia torna-se visível e palpável em uma ação concreta e dinâmica. Uma vez que se experimentou a misericórdia em toda a sua verdade, nunca mais se volta atrás: cresce continuamente e transforma a vida. É, na verdade, uma nova criação que faz um coração novo, capaz de amar plenamente, e purifica os olhos para reconhecerem as necessidades mais ocultas. Como são verdadeiras as palavras com que a Igreja reza na Vigília Pascal, depois da leitura da narração da criação: "Ó Deus, admirável na criação do ser humano, e ainda mais na sua redenção..."![19]

A misericórdia *renova* e *redime*, porque é o encontro de dois corações: o de Deus que vem ao encontro do coração do homem. Este inflama-se e o primeiro cura-o: o coração de pedra é transformado em coração de carne (Ez 36,26), capaz de amar, não obstante o seu pecado. Nisto se nota que somos verdadeiramente uma "nova criatura" (Gl 6,15): sou amado, logo existo; estou perdoado, por conseguinte renasço para uma

---

[19] *Missal Romano*, Vigília Pascal, Oração depois da Primeira Leitura.

vida nova; fui "misericordiado" e, consequentemente, feito instrumento da misericórdia.

17. Durante o Ano Santo, especialmente nas "*sextas-feiras da misericórdia*", pude verificar concretamente a grande quantidade de bem que existe no mundo. Com frequência, não é conhecido, porque se realiza diariamente de forma discreta e silenciosa. Embora não façam notícia, existem muitos sinais concretos de bondade e ternura para com os mais humildes e indefesos, os que vivem mais sozinhos e abandonados. Há verdadeiros protagonistas da caridade, que não deixam faltar a solidariedade aos mais pobres e infelizes. Agradecemos ao Senhor por esses dons preciosos, que convidam a descobrir a alegria de aproximar-se da humanidade ferida. Com gratidão, penso nos inúmeros voluntários que diariamente dedicam o seu tempo a manifestar a presença e a proximidade de Deus com a sua entrega. O seu serviço é uma genuína obra de misericórdia, que ajuda muitas pessoas a aproximarem-se da Igreja.

18. É a hora de dar espaço à imaginação a propósito da misericórdia, para dar vida a muitas obras novas, fruto da graça. A Igreja precisa narrar hoje aqueles "muitos outros sinais" que Jesus realizou e que "não estão escritos" (Jo 20,30), de modo que sejam expressão eloquente da fecundidade do amor de Cristo e da comunidade que vive dele. Já se passaram mais de dois mil anos e, todavia, as obras de misericórdia continuam a tornar visível a bondade de Deus.

Ainda hoje, populações inteiras padecem de fome e sede, sendo grande a preocupação suscitada pelas imagens de crianças que não têm nada para se alimentar. Multidões de pessoas continuam a emigrar de um país para outro à procura de alimento, trabalho, casa e paz. A doença, nas suas várias formas, é um motivo permanente de aflição que requer ajuda, consolação e apoio. Os estabelecimentos prisionais são lugares onde muitas vezes, à pena restritiva da liberdade, se juntam transtornos por vezes graves, devido às condições desumanas de vida. O analfabetismo ainda é muito difuso, impedindo meninos e meninas de se formarem, expondo-os a novas formas de escravidão. A cultura do individualismo exacerbado, sobretudo no Ocidente, leva a perder o sentido de solidariedade e responsabilidade para com os outros. O próprio Deus continua a ser hoje um desconhecido para muitos; isso constitui a maior pobreza e o maior obstáculo para o reconhecimento da dignidade inviolável da vida humana.

Em suma, as obras de misericórdia corporal e espiritual constituem, até os nossos dias, a verificação da grande e positiva incidência da misericórdia como *valor social*. Com efeito, nos impele a arregaçar as mangas para restituir dignidade a milhões de pessoas que são nossos irmãos e nossas irmãs, chamados conosco a construir uma "cidade confiável".[20]

19. Muitos sinais concretos de misericórdia foram realizados durante este Ano Santo. Comunidades, famílias e indivíduos fiéis redescobriram a alegria da partilha e a beleza da solida-

---

[20] BENTO XVI. *Lumen Fidei* (LF). Documentos do Magistério. São Paulo: Paulus/Loyola, 2013, n. 50.

riedade. Mas não basta. O mundo continua a gerar novas formas de pobreza espiritual e material, que comprometem a dignidade das pessoas. É por isso que a Igreja deve permanecer vigilante e pronta para individuar novas obras de misericórdia e implementá-las com generosidade e entusiasmo.

Assim, ponhamos todo o esforço em dar formas concretas à caridade e, ao mesmo tempo, entender melhor as obras de misericórdia. Com efeito, esta possui um efeito inclusivo, porque tende a difundir-se como uma mancha de óleo e não conhece limites. E, nesse sentido, somos chamados a dar um novo rosto às obras de misericórdia que conhecemos desde sempre. De fato, a misericórdia extravasa; vai sempre mais além, é fecunda. É como o fermento que faz levedar a massa (Mt 13,33), e como o grão de mostarda que se transforma em árvore (Lc 13,19).

A título de exemplo, basta pensar na obra de misericórdia corporal *vestir quem está nu* (Mt 25,36.38.43.44). Ela nos reconduz aos primórdios, ao jardim do Éden, quando Adão e Eva descobriram que estavam nus e, ouvindo aproximar-se o Senhor, tiveram vergonha e esconderam-se (Gn 3,7-8). Sabemos que o Senhor os castigou; no entanto, ele "fez para o homem e sua mulher roupas de peles com as quais os vestiu" (Gn 3,21). A vergonha é superada e a dignidade restituída.

Fixemos o olhar também em Jesus no Gólgota. Na cruz, o Filho de Deus está nu; a sua túnica foi sorteada e levada pelos soldados (Jo 19,23-24); ele não tem mais nada. Na cruz, manifesta-se ao máximo a partilha de Jesus com as pessoas que perderam a dignidade, por terem sido privadas do necessário. Assim como a Igreja é chamada a ser a "túnica de Cristo"[21] para revestir o seu Senhor, assim também ela se comprometeu a tornar-se solidária com os nus da terra, a fim de recuperarem a dignidade de que foram despojados. Dessa forma, as palavras de Jesus – "estava nu e me vestistes" (Mt 25,36) – obrigam-nos a não desviar o olhar das novas formas de pobreza e marginalização que impedem as pessoas de viverem com dignidade.

---

[21] Cipriano, *A unidade da Igreja Católica*, 7.

Não ter trabalho nem receber um salário justo, não poder ter uma casa ou uma terra onde habitar, ser discriminados pela fé, a raça, a posição social... Essas e muitas outras são condições que atentam contra a dignidade da pessoa; diante delas, a ação misericordiosa dos cristãos responde, antes de mais nada, com a vigilância e a solidariedade. Hoje, são tantas as situações em que podemos restituir dignidade às pessoas, consentindo-lhes uma vida humana. Basta pensar em tantos meninos e meninas que sofrem violências de vários tipos, que lhes roubam a alegria da vida. Os seus rostos tristes e desorientados permanecem impressos em minha mente; pedem a nossa ajuda para serem libertados da escravidão do mundo contemporâneo. Essas crianças são os jovens de amanhã; como estamos a prepará-las para viverem com dignidade e responsabilidade? Com que esperança elas podem enfrentar o seu presente e o seu futuro?

O *caráter social* da misericórdia exige que não permaneçamos inertes, mas afugentemos a indiferença e a hipocrisia para que os planos e os projetos não se tornem letra morta. Que o Espírito Santo nos ajude a estar sempre prontos a prestar de forma efetiva e desinteressada a nossa contribuição, para que a justiça e uma vida digna não permaneçam meras palavras de circunstância, mas sejam o compromisso concreto de quem pretende testemunhar a presença do Reino de Deus.

20. Somos chamados a fazer crescer uma *cultura de misericórdia*, com base na redescoberta do encontro com os outros: uma cultura na qual ninguém olhe para o outro com indiferença, nem vire a cara quando vê o sofrimento dos irmãos. *As obras de misericórdia são "artesanais"*: nenhuma delas é cópia da outra; as nossas mãos podem moldá-las de mil modos e, embora seja único o Deus que as inspira e única a "matéria" de que são feitas, ou seja, a própria misericórdia, cada uma adquire uma forma distinta.

Com efeito, as obras de misericórdia tocam toda a vida de uma pessoa. Por isso, temos possibilidade de criar uma verdadeira revolução cultural precisamente a partir da simplicidade de gestos que podem alcançar o corpo e o espírito, isto é, a vida das pessoas. É um compromisso que a comunidade cristã pode assumir, na certeza de que a Palavra do Senhor não cessa de chamá-la para sair da indiferença e do individualismo em que somos tentados a nos fechar levando uma existência cômoda e sem problemas. "Os pobres, sempre os tendes convosco" (Jo 12,8), disse Jesus aos seus discípulos. Não há desculpa que possa justificar a negligência, quando sabemos que ele se identificou com cada um deles.

A cultura da misericórdia forma-se na oração assídua, na abertura dócil à ação do Espírito, na familiaridade com a vida dos Santos e na solidariedade concreta para com os pobres. É um convite premente para não se equivocar onde é determinante comprometer-se. A tentação de se limitar a fazer a "teoria da misericórdia" é superada à medida que esta se faz vida diária de participação e partilha. Aliás, nunca devemos esquecer as palavras com que o apóstolo Paulo – ao contar o encontro depois da sua conversão com Pedro, Tiago e João – põe em realce um aspecto essencial da sua missão e de toda a vida cristã: "O que nos recomendaram foi somente que nos lembrássemos dos pobres. E isso procurei fazer sempre, com toda a solicitude" (Gl 2,10). Não podemos nos esquecer dos pobres: trata-se de um convite hoje mais atual do que nunca, que se impõe pela sua evidência evangélica.

21. Que a experiência do Jubileu imprima em nós estas palavras do apóstolo Pedro: outrora "os que não eram objeto de misericórdia, agora, porém, alcançaram misericórdia" (1Pd 2,10). Não guardemos ciosamente só para nós tudo o que recebemos; saibamos partilhá-lo com os irmãos atribulados, para que sejam sustentados pela força da misericórdia do Pai. As nossas comunidades abram-se para alcançar a todas as pessoas que vivem no seu território, para que chegue a todas a carícia de Deus através do testemunho dos fiéis.

Este é o tempo da misericórdia. Cada dia da nossa caminhada é marcado pela presença de Deus, que guia os nossos passos com a força da graça que o Espírito infunde no coração para plasmá-lo e torná-lo capaz de amar. *É o tempo da misericórdia* para todos e cada um, para que ninguém possa pensar que é alheio à proximidade de Deus e à força da sua ternura. *É o tempo da misericórdia* para que os que se sentem fracos e indefesos, afastados e sozinhos possam individuar a presença de irmãos e irmãs que os sustentam nas suas necessidades. *É o tempo da misericórdia* para que os pobres sintam pousado sobre si o olhar respeitoso, mas atento, daqueles que, vencida a indiferença, descobrem o essencial da vida. *É o tempo da misericórdia* para que cada pecador não se canse de pedir perdão e sentir a mão do Pai, que sempre acolhe e abraça.

À luz do "Jubileu das Pessoas Excluídas Socialmente", celebrado quando já se iam fechando as Portas da Misericórdia em todas as catedrais e santuários do mundo, intuí que, como mais um sinal concreto deste Ano Santo extraordinário, se deve celebrar em toda a Igreja, na ocorrência do XXXIII Domingo do Tempo Comum, o *Dia Mundial dos Pobres*. Será a mais digna preparação para bem viver a solenidade de Nosso Senhor Jesus Cristo Rei do Universo, que se identificou com os mais pequeninos e os pobres e nos há de julgar sobre as obras de misericórdia (Mt 25,31-46). Será um dia que vai ajudar as comunidades e cada batizado a refletir como a pobreza está no âmago do Evangelho e a tomar consciência de que não poderá haver justiça nem paz social enquanto Lázaro jazer à porta da nossa casa (Lc 16,19-21). Além disso, esse dia constituirá uma forma genuína de nova evangelização (Mt 11,5), procurando renovar o rosto da Igreja na sua perene ação de conversão pastoral para ser testemunha da misericórdia.

22. Sobre nós permanecem pousados os olhos misericordiosos da Santa Mãe de Deus. Ela é a primeira que abre a procissão e nos acompanha no testemunho do amor. A Mãe da Misericórdia reúne a todos sob a proteção do seu manto, como quis frequentemente representá-la a arte. Confiemos na sua ajuda materna e sigamos a indicação perene que nos dá de olhar para Jesus, rosto radiante da misericórdia de Deus.

Dado em Roma, junto de São Pedro, em 20 de novembro – Solenidade de Cristo Rei – do Ano do Senhor de 2016, quarto do meu pontificado.

Franciscus